Claudia Gollor-Knüdeler

Murrhardt

Claudia Gollor-Knüdeler

Murrhardt

Text von · Text by · Texte de
Christian Schweizer

Deutsch · English · Français

Silberburg-Verlag

Munter entspringt die Murr ihrer Quelle und schenkt der Stadt Murrhardt und dem Tal ihren Namen.

The Murr merrily rises from its source and lends its name to the town and the valley.

Allégrement la Murr prend sa source et donne son nom à la ville et à la vallée.

Die schwäbische Mentalität spiegelt sich in Murrhardts Stadtbild wider. Überall stehen Fabriken und trotzdem ist hier ein wunderschöner Platz zum Wohnen.

The Swabian mentality is reflected in Murrhardt's townscape. Everywhere there are factory buildings but it's still a wonderful place to live.

La mentalité souabe se reflète dans la physionomie de la ville. Partout des usines et pourtant un endroit où il fait bon vivre.

TECHNOPLAST

Auf dem Marktplatz entfaltet sich die Fachwerkpracht des 18. Jahrhunderts. Er ist die »gute Stube« der Stadt.

The marketplace is surrounded by half-timbered buildings from the 18th century. It's something akin to the town's front room.

Sur la place de marché des maisons à colombage du 18ème siècle se montrent dans toute leur splendeur. C'est le «salon» de la ville.

Im Gasthof Engel, der seit mehr als 450 Jahren besteht, wurde der bekannte Maler Reinhold Nägele geboren.

The Engel guesthouse is more than 450 years old. This is the birthplace of the artist Reinhold Nägele.

A l'auberge Engel, qui existe depuis plus de 450 ans, est né le célèbre peintre Reinhold Nägele.

Jeden Freitag ist in Murrhardt Wochenmarkt, auf dem die Bauern der Umgebung ihre frischen Erzeugnisse an den Städter bringen.

Every Friday is market day in Murrhardt. Farmers from the surrounding region sell their fresh products to the townspeople.

Chaque vendredi il y a le marché à Murrhardt où les agriculteurs de la région proposent leurs produits frais.

1553
Gasthof Engel

Auf dem Brunnen in der Fußgängerzone kommen auch die Kleinen manchmal ganz groß raus.

Children sometimes walk tall at the well in the pedestrian precinct.

Sur la fontaine située dans la zone piétonne les petits paraissent parfois bien grands.

Erhaben residiert Herzog Christoph von Württemberg auf der Säule des Marktbrunnens und wacht über sein Städtchen.

Duke Christoph of Württemberg stands loftily on the pillar of the market well and stands guard over his township.

Le duc Christoph de Wurtemberg trône au-dessus de la fontaine de la place de marché et veille sur sa ville.

Ein Gang durch Murrhardts Gassen ist immer auch ein Blick in die Vergangenheit der Stadt. Überall beflügeln hübsch sanierte und malerische Winkel die Fantasie des Betrachters.

A walk through Murrhardt's narrow streets is like a journey back through time. Everywhere you come across restored and picturesque corners that inspire the viewer's imagination.

Une balade dans les ruelles de Murrhardt est toujours un regard sur le passé de la ville. Partout des coins joliment assainis et pittoresques animent la fantaisie des contemplateurs.

Geduckte und krumme Fachwerkbauten in der Sterngasse. Viele Geschichten könnten die alten Häuser erzählen, doch sie schweigen bescheiden und präsentieren den Passanten ihre Schönheit.

Half-timbered buildings in the Sterngasse bent and stooped with age. The old houses could tell many a tale, but they remain modestly silent as they display their beauty to passers-by.

Dans la Sterngasse des maisons à colombages bossues et bien de travers. Quelles histoires ces vieilles maisons pourraient nous raconter! Mais elles préfèrent se taire modestement tout en présentant leur beauté aux passants.

Im Oberen Graben steht das älteste Wohnhaus der Stadt, erbaut im Jahr 1552. Es ist ein stattliches Wohnhaus mit »Oberlingsrädchen« am Dachgeschoss und kühlem Mostkeller.

The town's oldest house, built in 1552, stands Im Oberen Graben. It is a stately residence with a hoist in the attic and a cool must (apple or pear cider) cellar.

Dans la rue Im Oberen Graben se trouve la plus ancienne maison de la ville, construite en 1552. C'est un assez grand bâtiment avec une poulie à l'étage mansardé et une cave où le cidre reste bien frais.

Die zur Fußgängerzone umgebaute Hauptstraße ist die Lebensader Murrhardts. Straßencafés und Geschäfte laden zum Schaufensterbummel und zum Verweilen ein.

The Hauptstrasse converted into a pedestrian precinct is the main artery of Murrhardt life. Street cafes and shops invite the passer-by to window-shop or to tarry a while.

La Hauptstraße, la rue principale, une zone piétonne, est le centre vivant de la cité. Des cafés avec leurs terrasses et des magasins invitent à flâner et à s'arrêter.

Farbenprächtiger Hinterhof in der Entengasse: Fleißig sind die Murrhardter und in manch stillem Winkel helfen auch die Wichtelmännchen mit.

Colourful courtyard in the Entengasse: people from Murrhardt are hard-workers and even the goblins lend a hand from time to time.

Une cour magnifique dans la ruelle Entengasse: Les habitants de Murrhardt sont travailleurs et dans certain coin caché les petits lutins viennent aider.

Blicke durch Murrhardter Schlüssellöcher eröffnen manchmal unendliche Perspektiven.

A view through Murrhardt's keyholes opens up many never-ending perspectives.

Un regard à travers le trou des serrures de Murrhardt ouvre une tout autre perspective.

Fast an jeder Ecke Murrhardts steht ein Wirtshaus, so wie hier in der Mittelgasse. Der Menschenschlag in der Stadt ist halt sehr gesellig und ausgesprochen gastfreundlich.

There's an inn on nearly every corner in Murrhardt, as here in the Mittelgasse. This is possibly because people in the town are very social and extremely hospitable.

Presque dans tous les coins il y a une auberge ou un café, tel qu'ici dans la ruelle Mittelgasse. Les habitants de la ville sont très sociables et de plus bien hospitaliers.

Der ehrwürdige Klosterhof besteht seit dem frühen 9. Jahrhundert und ist umgeben von der Alten Abtei und den übrigen Klostergebäuden. Ein Ort der Stille, an dem die Mönche früher ihre täglichen Pflichten erfüllten.

The venerable cloisters have existed since the 9th century and are flanked by the Old Abbey and the other cloister buildings. It was a place of tranquillity where the monks formerly went about their daily chores.

Le «Klosterhof», la cour du monastère, digne de respect existe depuis le début du 9ème siècle et est entouré de l'«Alten Abtei», partie habitée autrefois par les moines, et les autres dépendances du cloître. Un endroit de recueillement, où les moines autrefois accomplissaient leurs tâches.

Der Hexenturm. Ein geheimnisvolles Gemäuer – einst Gefängnis und Wehrturm, jetzt die Heimat von Eulen und Fledermäusen.

The "Witches' Tower". Walls full of secrets —formerly a prison and a watchtower, today it is the home of owls and bats.

La «Hexenturm», la tour des sorcières: Une tour mystérieuse, dans le passé une prison et une tour de défense, de nos jours le refuge pour chouettes et chauve-souris.

Im Klosterhof: Wo einst das Vieh stand, befindet sich heute das Feuerwehrmagazin und ein gemütliches Terrassencafé.

In the cloisters. The former cattle shed and mews is now the fire brigade store and a cosy terrace cafe.

Klosterhof: Là où se trouvaient dans le temps des bestiaux, il y a le Centre des Sapeurs-Pompiers et un café avec une agréable terrasse.

Durch die Fenster des spätmittelalterlichen Refektoriums in der Alten Abtei weht heute ein viel freierer Geist als in den Tagen der klösterlichen Weltabgeschiedenheit und Strenge.

A fresher breeze blows through the windows of the refectory than in the days of monastic asceticism and seclusion from the world. The refectory stands in the Old Abbey dating from the late Middle Ages.

Par les fenêtres du réfectoire du monastère, datant de la fin du Moyen-Âge, souffle un esprit plus libre qu'à l'époque de ce cloître avec son austérité et son isolement.

Von Friedrich Christoph Oetinger als Prälatur erbaut, von den Eltern des Philosophen Schelling bewohnt, ist das heutige evangelische Pfarrhaus noch immer eine Insel der Ruhe im städtischen Alltagstrubel Murrhardts.

Built by Friedrich Christoph Oetinger as the prelate's seat and formerly occupied by the parents of the philosopher Schelling, the Evangelical parsonage is still a peaceful haven from Murrhardt's hectic urban daily life.

Le maison du pasteur construite par le Prélat Friedrich Christoph Oetinger pour être sa résidence, habitée par les parents du philosophe Schelling, est de nos jours un ilôt paisible au milieu de l'agitation quotidienne de la ville.

Die seniorengerechten Wohnungen hinter der heimeligen Fassade in der Kirchgasse bieten für die älteren Mitbürger der Stadt kurze Wege in gewohnter Umgebung.

Dwellings for the elderly lurk behind the cosy facade in the Kirchgasse. Set within familiar surroundings, it's a stone's throw from anywhere in the town for Murrhardt's senior citizens.

Des appartements aménagés pour personnes âgées, derrière des façades attirantes dans la Kirchgasse, permettent aux habitants du troisième âge de se déplacer dans leur entourage sans longs chemins.

Der Bau der heutigen Stadtkirche Sankt Januarius wurde 1105 begonnen und bis 1434 ständig verändert. Seit vielen Jahrhunderten aber schaut der Wetterhahn immer treu Richtung Sonnenschein.

Work on building the present town church of Saint Januarius started in 1105. Modifications were continuously added until 1434. But the weather cock has continued to faithfully face the sun for many hundreds of years.

La construction de l'église actuelle Sankt Januarius a été commencée en 1105 et sans arrêt modifiée jusqu'en 1434. Mais depuis de nombreux siècles le coq du clocher regarde toujours fidèlement en direction du soleil.

Die lichtdurchfluteten Glasfenster der Stadtkirche zeigen die »Werke der Barmherzigkeit« und wurden vom berühmten Glaskünstler Professor Hans Gottfried von Stockhausen geschaffen.

In the town church, the stained glass windows flooded with light display the "Charitable works" created by the famous glass artist Professor Hans Gottfried von Stockhausen.

Les vitraux de la Stadtkirche inondés de lumière montrent «la Miséricorde en oeuvre» et ont été faits par le célèbre artiste verrier Hans Gottfried von Stockhausen.

Symbolhaft, geheimnisvoll, formenreich, prächtig - so kann man die Murrhardter Walterichskapelle beschreiben. Das spätromanische Kleinod wurde um 1230 erbaut.

Symbolic, mysterious, full of shapes, solemn—all words describing the Murrhardt Walterich Chapel. The late Roman architectural gem was built around 1230.

Symbolique, mystérieuse, riche en formes, splendide, c'est ainsi que l'on pourrait décrire la «Walterichskapelle», la chapelle Walterich. Cette merveille a été construite en 1230.

Romanische Geborgenheit vermittelt der Innenraum der Walterichskapelle. Der kleine Sakralbau zählt zu den gelungensten Schöpfungen der deutschen Spätromanik.

The inside of the Walterich Chapel exudes Roman warmth and security. The small ecclesiastic building is one of the best works of the late German Romantic period.

L'intérieur de la «Walterichskapelle» donne une impression de sécurité romane. Ce petit édifice compte parmi les constructions les plus réussies du roman tardif allemand.

Am Fenster werden Drachen gebändigt, hier hat das Unheil keinen Platz. Mensch, Tier und Pflanze vom Baumeister in Stein gebannt.

Dragons are hunted near the window. This is no place for evil here. Man, animal and plant have been captured in stone by the master builder.

A la fenêtre des dragons sont maîtrisés, ici le mal n'a pas de place. Humains, animaux et plantes sont joints en pierre par l'artiste.

Zeichen der Volksfrömmigkeit. Der Wallfahrtsaltar aus dem Jahr 1525 zieht seit vielen Generationen Einheimische und Weitgereiste auf den Ölberg.

Signs of popular piety: the pilgrim's altar dating from 1525 has attracted people from near and far to the Ölberg.

Signe de piété. La station de pèlerinage, datant de 1525, attire depuis de nombreuses générations autant les gens d'ici que les étrangers venant de loin pour admirer le Ölberg.

Die Walterichskirche ist das Wahrzeichen der Stadt. In diesem Gotteshaus liegt auch der Ortsheilige Walterich begraben.

The Walterich church is a famous landmark in the town. The remains of Walterich, the local saint, are buried in this house of God.

La «Walterichskirche» est le symbole de la ville. Dans cette église reposent les restes de Saint Walterich.

Auf dem Nägeleplatz erinnert eine Skulptur an Ferdinand Nägele, den Schlossermeister, Revolutionär und Ehrenbürger der Stadt.

A sculpture on the Nägeleplatz (square) is a reminder of the master fitter, revolutionary and honorary citizen of the town.

Sur la place «Nägeleplatz» une sculpture rappelle Ferdinand Nägele, le maître serrurier, révolutionnaire et citoyen d'honneur de la ville.

Der Stadtgarten liegt im Herzen Murrhardts. Die weitläufigen Parkanlagen verführen zum Flanieren oder Faulenzen.

The town gardens lie in the heart of Murrhardt. The extensive park is an open invitation to stroll or simply do nothing.

Le parc «Stadtgarten» se trouve au centre de Murrhardt. Ses aménagements invitent à flâner ou à se reposer.

Der Feuersee im Stadtpark spiegelt Natur und Kultur des Städtchens wider. Hier lässt sich's trefflich rasten.

The Feuersee in the town park reflects the nature and culture of the town. An ideal spot to take an exquisite rest.

Le petit lac «Feuersee» reflète nature et culture de notre petite ville. Il fait bon d'y faire «halte».

Faszinierend und packend ist ein Besuch im Carl-Schweizer-Museum. Hier kann man viel über die heimische Fauna und Flora, aber auch die Geschichte der Stadt und ihrer Umgebung erfahren.

A visit to the Carl Schweizer Museum is both fascinating and exciting. There are many things to learn about the local flora and fauna as well as about the history of the town and its surroundings.

Une visite au musée Carl Schweizer est fascinant et intéressant. On peut y apprendre beaucoup sur la faune et la flore de la région, et sur l'histoire de la ville et ses environs.

Die Festhalle und die katholische Kirche Sankt Maria: Kulturzentrum mit vielseitigem Veranstaltungsprogramm und modernes Gotteshaus - vereint unter einem Himmel.

The Festival Hall and the Catholic Church of Saint Mary: a centre of culture with a varied events programme and a modern house of God—side by side.

La «Festhalle», salle des fêtes, et l'église catholique Sankt Maria: un centre culturel avec des spectacles bien variés et un bâtiment moderne se trouvent côte à côte.

Die moderne Stadtbücherei und die städtische Kunstsammlung - ein gelungener Neubau in mittelalterlicher Umgebung.

The modern town library and art gallery —a successful new building situated in surroundings dating from the Middle Ages.

La bibliothèque avec la collection de peintures, une architecture moderne réussie dans un milieu moyenâgeux.

Im Heinrich-von-Zügel-Saal sind die Werke des berühmten gleichnamigen Tiermalers und vieler anderer Murrhardter Künstler zu bestaunen.

The Heinrich von Zügel hall is hung with works by the famous animal artist of the same name and many other artists from Murrhardt.

Dans la salle Heinrich von Zügel on peut admirer les œuvres du célèbre peintre animalier, qui a donné le nom à cette salle, ainsi que celles de nombreux autres artistes de Murrhardt.

Die 1905 erbaute Fabrikantenvilla Hohenstein der Familie Franck ist ein Mekka der Jugendstil-Romantiker – ein Domizil mit herrschaftlicher Aussicht.

Hohenstein, the industrialist's villa built by the Franck family in 1905, is a mecca for art nouveau aficionados—a residence with a grand view.

La villa Hohenstein que le fabriquant Franck a fait construire pour sa famille en 1905 est la Mecque pour tous les amateurs de style 1900 romantique. Un domicile avec une vue seigneuriale.

Einem Märchengarten gleicht der Parkwald an der »Michaelsburg«. Ein Pavillon wartet auf Wanderer oder ein verliebtes Pärchen.

The park wood near "Michaelsburg" resembles a fairytale garden. A pavilion awaits hikers or a loving couple.

Le parc au Michaelsburg ressemble à un jardin de conte de fées. Un petit pavillon attend des randonneurs ou des amoureux.

Die Rümmelinsmühle sieht zwar so aus, ist aber alles andere als ein Museum. Hier wird seit 300 Jahren in traditioneller Weise Mehl gemahlen.

The Rümmelinsmühle looks like a museum but it isn't. It has been milling flour using traditional methods for the past 300 years.

Le moulin Rümmelin a une telle apparence, mais c'est loin d'être un musée. Depuis plus de trente ans la farine y est fabriquée de méthode traditionnelle.

Brotbacktag beim Rümmelinsmüller. Sie sollten eine Scheibe probieren, mit »Gsalz« (Marmelade) oder Schmalz – ein Genuss.

The miller's baking day at the Rümmelinsmühle (mill). Just try a slice. With a little bit of jam or lard—simply delicious!

Fabrication du pain chez le meunier du moulin Rümmelin. Vous devriez y goûter, avec de la confiture ou du saindoux salé, c'est un délice.

Alle Jahre wieder! Lebkuchenduft, Weihnachtsklänge und die Straßen im Lichterglanz - der Weihnachtsmarkt in Murrhardt.

And it's Christmas again! The smell of gingerbread, the sounds of Christmas and the streets all lit up—the Christmas market in Murrhardt.

Tous les ans la même chose! Une odeur de pains d'épices, des sons de chants de Noël et les rue en illumination. Le marché de Noël à Murrhardt.

Hoch zu Ross ziehen die Heiligen Drei Könige aus dem Morgenland durch die Straßen und Gassen Murrhardts – anschließend duftet es mehr nach Pferdeäpfeln als nach Weihrauch.

The three kings from the Orient arrive on horseback and wander through the streets of Murrhardt—but the smell they leave behind them is more like horse manure than incense.

Perchés sur leur cheval les Rois Mages venant de l'Orient traversent les rues et les ruelles de Murrhardt. Derrière eux ça sent plus le crottin que l'encens.

Zu den traditionellen Bräuchen der Stadt gehört die Narrentaufe. Bei diesem Anblick läuft es nicht nur den Zuschauern kalt den Rücken herunter.

The Fools' Baptism is one of the town's traditional customs. A cold chill runs down many a spectator's back when they see this.

Le «Narrentaufe», le baptême des fous, fait partie des coutumes de la ville. Cette vue ne fait pas seulement froid dans le dos des spectateurs!

Der Murrhardter Eugen Nägele hat einst den Schwäbischen Albverein mitbegründet – nach ihm ist die moderne und gastliche Jugendherberge am Ort benannt.

Eugen Nägele born and bred in Murrhardt once founded the Swabian Jura Association (Schwäbischer Albverein)—the modern and hospitable youth hostel here is named after him.

Eugen Nägele de Murrhardt a fondé jadis la «Schwäbische Albverein», une association pour randonneurs. L'auberge de jeunesse moderne et hospitalière porte son nom.

Auf den Höhenzügen um Murrhardt kann man ausgiebig wandern und Rad fahren. Der Spechtshof auf dem Steinberg ist gerade im Frühling ein beliebtes Ausflugsziel.

There are many hiking and biking trails throughout the hills around Murrhardt. The Spechtshof (farm) on the Steinberg is a favourite spot in spring.

Sur les hauteurs de Murrhardt on peut faire des randonnées ou de la bicyclette. Le Spechtshof, à Steinberg, est alors au printemps le but de beaucoup de promenades.

Hörschbachtal, vorderer Wasserfall. Wildromantisch, erfrischendes Plätschern. Tauchen Sie ein in fast unberührte Natur.

Hörschbachtal, the front waterfall. A spot full of wild romanticism and cool splashing water. Here you can plunge into almost untouched nature.

La vallée du Hörschbach, les cascades. Un clapotis pittoresque, sauvage et rafraîchissant. Plongez dans une nature presque intacte!

Im Murrhardter Wald kann man seinen Horizont erweitern, ob beim stillen Naturgenuss oder bei weitläufigen Wandertouren durch den Naturpark.

Expand your horizon in the Murrhardt Forest: enjoy the stillness of nature or discover the many miles of hiking trails in the nature reserve.

Dans la forêt de Murrhardt on peut agrandir son horizon, soit en jouissant silencieusement de la nature, soit en faisant une randonnée à travers le parc naturel.

Der malerische Teilort Siegelsberg zählt zu den schönsten Dörfern Baden-Württembergs: Romantik pur in sonniger Lage.

The picturesque community of Siegelsberg is one of the most beautiful villages in Baden-Württemberg. An idyllic spot bathed in warm sunshine.

Le charmant village Siegelsberg est un des plus jolis du Bade-Wurtemberg. Romantique pure sous le soleil.

Der Römerwachturm auf dem Heidenbühl. Die Zeugen der Limes-Vergangenheit finden sich überall im Wald. Denn nicht nur Rom ist ewig!

The Roman watchtower on the Heidenbühl. You will find traces of the past everywhere in the forest. The Limes was Rome's defensive wall against the Alemannic tribes. But not even Rome is eternal!

La tour de garde romaine à Heidenbühl. Il est possible de trouver partout dans la forêt des vestiges du Limes (frontière romaine). Il n'y a pas que Rome qui est éternel!

Malerisches Murrhardt: weidende Schafe beim Wolkenhof. Wenn das der Tiermaler Zügel sehen könnte, würde er sofort zur Palette greifen.

Picturesque Murrhardt: sheep grazing near the Wolkenhof (farm). If Zügel, the animal artist, had seen this, he would have grabbed his easel and palette immediately.

Murrhardt pittoresque: des moutons en train de paître près du Wolkenhof. Si le peintre animalier Zügel était encore présent, il prendrait tout de suite ses pinceaux.

Blick vom Gaisbühl zum Hasenhof. In Murrhardt sagen sich mancherorts noch Fuchs und Hase gute Nacht.

View of the Hasenhof (farm) from Gaisbühl. Some places in Murrhardt are at the back of beyond (in German they say „goodnight to the fox and rabbit!").

Vue de Gaisbühl sur le Hasenhof. A Murrhardt on trouve encore des endroits où les renards et les lapins se souhaitent bonne nuit.

Im Märzen der Spechtshof-Bauer ... – nein, mit dem romantischen Rösslein ist's vorbei. Heute ist auf den Höfen um Murrhardt modernes Gerät gefragt.

We said good-bye to horses a long time ago. Now we have modern machinery on the farms in and around Murrhardt.

Sur les traces de l'agriculteur du Spechtshof. Non l'époque romantique des chevaux n'existe plus. De nos jours dans les fermes autour de Murrhardt on se sert de machines modernes.

Apfelernte. Oftmals pflegen nur noch die Alten ihre Streuobstwiesen, obwohl doch auch die Jungen gern Apfelsaft oder Most trinken.

Apple harvest. In many cases only the old people look after their wild orchards, although the young still love drinking the apple juice and cider.

La cueillette des pommes. Souvent ce ne sont que les personnes âgées qui ramassent les fruits, bien que les jeunes aiment boire du jus de pommes et du cidre.

Familie Sailer ist mit der Kartoffelernte beschäftigt. Egal, in welcher Form sie nachher auf den Tisch kommen, Hauptsache sie sind vom eigenen Acker.

The Sailer family busy harvesting potatoes. No matter how they are served, the main thing is they come from your own fields.

La famille Sailer est occupée à récolter les pommes de terre. La façon dont elles seront apportées sur la table a aucune importance, le principal est qu'elles viennent de son propre champ.

Loipe bei Hinterbüchelberg. Mit Schwung über sanfte Wellen führen alle Wege glitzernd hinaus in die frische Luft und zu einer wohligen Einkehr.

Cross-country skiing trail near Hinterbüchelberg. With a swing of your ski sticks, follow the trails out over the soft rise and fall of the glittering countryside in the fresh air and look forward to a cosy après-ski in a warm inn.

Piste de ski de fond près de Hinterbüchelberg. Avec élan et bosses, les pistes étincellantes conduisent à l'air frais et dans une auberge accueillante.

Die Forellen im Vorderen Bach in Fornsbach müssen sich vorsehen, manch gute Gastwirtschaft am Ort zaubert sonst Gaumenfreuden daraus.

Trout in the Vorderer Bach (stream) in Fornsbach must be careful: there is many a guesthouse that will conjure up a delicious dish from them.

Les truites dans le ruisseau de Fornsbach doivent faire attention, sans cela elles risquent de se retrouver dans la cuisine des gastronomes.

Die einst selbständige Gemeinde Fornsbach ist seit 1971 ein Stadtteil von Murrhardt. In dem liebenswerten Ort ist noch immer der Kirchturm das höchste Gebäude.

The formerly independent rural commune of Fornsbach was amalgamated with Murrhardt in 1971. The highest building in this charming place is still the church tower.

La commune de Fornsbach, jadis autonome, fait partie de Murrhardt depuis 1971. Dans cet endroit où il fait bon vivre c'est toujours le clocher de l'église qui est le plus grand édifice.

In den frühen Morgenstunden ist der Fornsbacher Waldsee noch ganz glatt und ohne Wellen. Später am Tag tummeln sich hier Naturfreunde, Camper und viele »Wasserratten«.

In the still of the early morning, the Waldsee near Fornsbach is as smooth as glass without a ripple. Later in the day, nature lovers, campers and keen swimmers will soon liven things up.

Le matin de bonne heure le lac «Waldsee» de Fornsbach est limpide et n'a aucune vague. Dans la journée les amis de la nature, les campeurs et les nageurs s'y ébattent.

Blick auf Fornsbach im oberen Murrtal. In sanften Kurven führen die Wege und Straßen mitten in den Schwäbisch-Fränkischen Wald hinein.

View of Fornsbach in the upper Murr valley. Trails and roads hug the soft contours and disappear deep into the Swabian-Franconian Forest.

Vue sur Fornsbach dans la vallée de la Murr. Des chemins sinueux et des routes à virages mènent au centre de la forêt souabe-franconienne.

Einst verbrachten hier im abseits gelegenen Teilort Neuhaus die Murrhardter Äbte den Sommer. Im Winter dagegen herrscht in dieser ländlichen Idylle klirrende Kälte.

The former abbots of Murrhardt used to spend the summer here in the commune of Neuhaus, off the beaten track. But in winter, the pastoral idyll is caught in the biting cold of Jack Frost.

Autrefois les moines de Murrhardt passaient l'été dans le hameau retiré de Neuhaus. En hiver au contraire, dans cette campagne idyllique, il y fait un froid glacial.

Hausen – einer von 27 Ortsteilen Murrhardts. Ein Weiler, der sich etwas oberhalb des Talgrunds an die bewaldeten Berghänge schmiegt.

Hausen—one of the 27 communes of Murrhardt. A hamlet just above the valley floor, nestling against the wooded hills.

Hausen – un des 27 cantons de Murrhardt. Un hameau qui se blotti contre les versants des collines couvertes de forêts au dessus de la vallée.

Kirchenkirnberg, der zweitgrößte Murrhardter Teilort, war bis 1971 eine selbständige Gemeinde. Er liegt auf der dem Welzheimer Wald zugewandten Hochebene.

Kirchenkirnberg, the second largest commune in Murrhardt. It was independent until 1971. It lies on the high plane pointing towards the Welzheim Forest.

Kirchenkirnberg, un des deux plus importants cantons de Murrhardt était autonome jusqu'en 1971. Ce village se trouve sur le plateau de la forêt de Welzheim.

Murrhardt besuchen, leben in Murrhardt

Blicke, Augenblicke und Blickwinkel

Im vorliegenden Bildband wird die Stadt Murrhardt porträtiert. Sehenswertes aus Natur und Kultur der Stadt vorgestellt. Wohlvertraute, liebenswerte Heimat mit neuen Einblicken verbunden. Der Fotografin ist es hervorragend gelungen, die Atmosphäre und das Lebensgefühl dieser Stadt in Szene zu setzen.

Murrhardt, schon der Name erklärt sich fast von selbst: Ein Weidewald (Hardt) an einem feuchten, morastigen Gewässer, althochdeutsch »muor« oder »mur«. Mit seinen gut 54 Kilometern Länge vom Ursprung bei Vorderwestermurr bis zur Mündung bei Marbach gibt der Fluss Murr der Stadt und der umliegenden Waldlandschaft seit alters her den Namen.

Die Murr durchfließt das Keuperbergland, den Schwäbisch-Fränkischen Wald, der vor über 180 Millionen Jahren noch ein ganz anderes Bild abgab. Ein Urwald ähnlich dem Amazonasgebiet bedeckte die hiesige Gegend. Urzeitliche Funde, so vor allem versteinerte Pflanzen und Baumreste, Urtiere, aber auch Überlebenskünstler wie der Schachtelhalm zeugen von diesen Zeiten.

So manche wildromantische Gesteinsformation – die Hörschbachwasserfälle, das Felsenmeer oder die Große Platte – eröffnen Blicke in die Erdgeschichte. Heute ist die Landschaft um Murrhardt durch Mischwälder und Streuobstwiesen geprägt. Die Höhenlagen der Stadt reichen vom Tal mit 290 Metern bis auf die umliegenden Berge mit über 500 Metern über dem Meer.

Zahlreiche Natur- und Landschaftsschutzgebiete sind zum Lebensraum seltener Tier- und Vogelarten geworden. Der prächtige Eisvogel oder der flinke Baummarder sind keine Seltenheit, ebenso gehören wilde Orchideen oder uralte Bäume zum »Biotop« des Murrhardter Waldes.

Dieser war einst für die Stadt und ihre Bewohner ein lebensnotwendiges Element; nicht die Erholungsfunktion unserer Tage stand im Vordergrund, sondern die wirtschaftliche Nutzung. Vor Jahrhunderten wurde das Holz der Wälder in Flößen und auf Holzriesbahnen (Transportrutschen) sowie auf Schlitten und Wagen zu Tal gebracht. Anschließend wurde es dort zu den verschiedensten Produkten weiterverarbeitet.

Das entbehrungsreiche Leben der Landbevölkerung ist heutzutage meist nur noch an der bescheidenen Bauweise der Häuser in den Dörfern erkennbar. Die Weiler und Höfe haben ihr Aussehen verändert. Doch trotz des allgemeinen Rückgangs bestehen heute immerhin noch etwa 160 landwirtschaftliche Haupt- und Nebenbetriebe auf Murrhardter Gemarkung. Manch herzhaftes und natürliches Lebensmittel kann man direkt bei den hiesigen Landwirten kaufen. Ein gutes Bauernbrot aus heimischem Getreide, frischer Apfelsaft oder Most von den vielen Streuobstwiesen, auch ein gesundes Stück Fleisch aus extensiver Aufzucht sind ein wahrer Genuss und gleichzeitig gelebter Naturschutz. Die Forstwirtschaft und die damit verbundene Holzindustrie ist seit eh und je ein weiteres wichtiges Standbein der Bauern.

Murrhardt ist durch eine lebendige Vergangenheit gekennzeichnet. Spuren aus der Steinzeit, ehemalige Feuerstellen und Rastplätze, finden sich gleich mehrfach auf Murrhardter Gebiet. Dort, wo sich heute die Stadt erhebt, war einst Jagdgrund der keltischen Bewohner.

Die erste Siedlung entwickelte sich in der Römerzeit bei einem Grenzkastell, das von etwa 145 bis 260 nach Christus bestand. Die römische Reichsgrenze war vom Neckar her nach Osten verlegt worden. Der obergermanische Limes führt – heute noch sichtbar – schnurgerade durch Murrhardts Fluren. Mit dem Grenzwall entstanden Kastelle und Siedlungen, Dörfer und Gutshöfe zur Versorgung der Truppen und der Bevölkerung sowie ein Netz aus Straßen und Wegen. Der »vicus murrensis«, die römische Siedlung entlang dem Ufer der Murr, hatte wohl schon damals über 1500 Einwohner. Heutzutage kann man aus dieser Zeit noch Wachturmruinen wie die am Heidenbühl entdecken oder den Limes auf weiten Strecken erwandern.

Nach dem Fall des Limes kamen Alamannen und Franken. Ab dem Jahr 500 entstand wiederum eine Grenze, nun zwischen diesen beiden Stämmen. Davon zeugt noch der Namen »Schwäbisch-Fränkische Waldberge«. Für Kenner sind die feinen Sprachunterschiede bis heute am Dialekt der örtlichen Bevölkerung zu erkennen.

Ein Franke war es, der die Geschichte des Ortes auf die Zukunft ausrichtete – Walterich. Er kam kurz vor 800 nach Murrhardt, in eine abgelegene, schon um 750 vom Karolinger Pippin gegründete Mönchsklause. Unter großen Mühen, aber maßgeblich gefördert von Walterichs mächtigem Verwandten Kaiser Ludwig dem Frommen, wurde die Mönchszelle im Jahr 816 in eine Benediktinerabtei umgewandelt. Damit war für Murrhardt ein neuer Grundstein gelegt, denn neben der kirchlichen Institution entwickelte sich mit der Zeit ein ansehnlicher Marktflecken.

Das Kloster hatte sogar eigenes Münzrecht. Die Stauferkaiser förderten die Abtei weiter, und unter Friedrich II. wurde das Kloster prächtig umgebaut – die heute noch berühmte Walterichskapelle entstand. Nicht genug, Walterich wurde zum Ortsheiligen, die Wallfahrt am Karfreitag zur Walterichskirche und später auch zum Ölberg nahm ihren Anfang.

Seit dem Mittelalter entwickelten sich zahlreiche kleine Ortschaften um Murrhardt, von denen Siegelsberg eine der ältesten ist. Da der Ort an der wichtigen Wegverbindung nach Schwäbisch Hall lag, entwickelte er sich prächtig. Der heutige Stadtteil Fornsbach gehörte zeitweise zur selbständigen Grafschaft Löwenstein und Kirchenkirnberg musste aus politischen Gründen an das Kloster Adelberg verkauft werden. Rodungen machten im Waldland Platz für Gehöfte, aber auch für Glashütten, Mühlen, Sägmühlen und weitere Ansiedlungen.

Die Entwicklung des Marktfleckens Murrhardt fand 1288 mit der Stadtgründung durch den Grafen Albrecht von Löwenstein einen entscheidenden

Wendepunkt. Im 16. Jahrhundert wurde die Stadt unter Herzog Christoph von Württemberg erneuert – Rathaus, Schulhaus und die Wasserversorgung wurden in Stand gesetzt. Die Stadt wurde evangelisch und der Konvent im Benediktinerkloster aufgelöst.

Der 24. August 1765 war der schwärzeste Tag der Murrhardter Stadtgeschichte. Fast die ganze Stadt ging in Flammen auf, ein unglaublicher Schicksalsschlag für die gesamte Bevölkerung. Diese Katastrophe veränderte das Stadtbild Murrhardts grundlegend. Die Stadt bekam die Gestalt, die wir heute kennen. Gerade Gassen und Straßen wurden angelegt, spätbarocke einfache Gebäude errichtet. Heute ist Murrhardt geprägt von einem reizvollen Fachwerkensemble und einem prächtigen Marktplatz aus dieser Zeit.

Zahlreiche Zeugnisse der Geschichte und aus der vielfältigen Natur finden sich heute im Carl-Schweizer-Museum. Dort erwarten den Besucher große Tierdioramen mit der reichhaltigen Fauna der hiesigen Landschaft und interessante Funde aus der über 1800-jährigen Vergangenheit der Stadt.

Einen weiteren Aufschwung erfuhr Murrhardt durch eine Reihe außergewöhnlicher Persönlichkeiten. Da gab es den berühmten Theologen Friedrich Christoph Oetinger, der mit seinen Aktivitäten die Entwicklung der Klosteramtsstadt förderte. Oder den Schlossermeister Ferdinand Nägele, der als Abgeordneter in der Frankfurter Nationalversammlung maßgeblich die Demokratisierung unseres Landes vertrat.

In seiner Zeit wurde aus dem armen »Klämmerlesgäu« bald eine wirtschaftlich lebendige Gegend. Der Strukturwandel des 20. Jahrhunderts hat durch den von Nägele geförderten Eisenbahnbau auch in Murrhardt Einzug gehalten. Feinmechanische Betriebe, der Waagenbau, aber auch eine Weberei und die Lederindustrie siedelten sich an. 1905 bekam die Stadt eine eigene Gasversorgung.

Der Großindustrielle und »Zichorienbaron« Geheimrat Robert Franck baute hoch über der Stadt seinen herrschaftlichen Sommersitz, die Villa Hohenstein, und alsbald siedelten sich am Hofberg weitere gutbürgerliche Familien an. Murrhardt wird nicht nur zur Sommerfrische, sondern zu einem der ersten Luftkurorte in Württemberg.

In dieser Zeit wirkte auf dem nahen Wolkenhof der bekannte Tiermaler und Kunstprofessor Heinrich von Zügel. Ein weiterer Künstler, Reinhold Nägele, erkannte ein paar Jahre später die »malerischen Seiten« seiner Heimat. So wie er setzten und setzen viele andere Künstler die Stadt und die Landschaft bis zum heutigen Tag gerne ins Bild. Werke dieses künstlerischen Schaffens verschiedener Murrhardter Maler und Bildhauer werden in der städtischen Kunstsammlung gezeigt. Ein Ort der Muse mit Lebensbildern aus anderen Tagen.

In den Jahren nach dem Ersten Weltkrieg begann die Zeit für Murrhardt zuerst recht optimistisch. Die von tausenden begeisterten Zuschauern besuchten Römerfestspiele fanden erstmals statt und der Fremdenverkehr nahm einen Aufschwung. Die Stadt vergrößerte sich rasch: Neue Straßenzüge kamen hinzu, 1931 entstand das Museum, 1938 konnte die Stadthalle errichtet werden.

Doch die Zeiten wurden von Tag zu Tag schwieriger. 1939 musste der Maler Reinhold Nägele mit seiner Familie nach Amerika emigrieren, die Tage des Friedens waren gezählt. Der Zweite Weltkrieg brachte den beiden heutigen Teilorten Fornsbach und Kirchenkirnberg großes Unglück und Zerstörungen. Die Stadt Murrhardt blieb glücklicherweise weitgehend von Kriegsschäden verschont.

Ein besonderes Ereignis war die Landrätekonferenz am 20. Juni 1945. Wenige Wochen nach der Kapitulation Deutschlands fanden sich im damaligen Gasthof Sonne-Post die Landräte der amerikanischen Besatzungszone zusammen, um über einen Neubeginn zu beraten. Der damalige Militärbeobachter E. Bingham schrieb später »vom Geist Murrhardts und vom ersten Wiedererwachen der Demokratie in Deutschland«.

In den Jahren um 1950 fanden in Murrhardt viele Vertriebene aus dem Sudetenland und aus Schlesien eine neue Heimat. Zahlreiche Betriebe entstanden neu; zur bestehenden Waagen- und Lederindustrie kamen feinmechanische Unternehmen für Spinnereimaschinen und Elektrowerkzeuge hinzu. Wenig später siedelten sich Pelzbetriebe und Kürschner aus Sachsen an.

In den Gewerbegebieten Murrhardts befinden sich heute aber auch Maschinenbau-Unternehmen, Drucktechnikbetriebe, Küchen- und Badmöbelhersteller sowie Firmen aus der Computer-Branche.

Dic Gemeindereform 1971 ließ Murrhardt auf über 14 500 Einwohner anwachsen. Die bis dahin selbständigen Gemeinden Fornsbach und Kirchenkirnberg wurden der Stadt angegliedert, die heute 27 Teilorte und so genannte Wohnplätze hat. Mit 7114 Hektar Markungsfläche ist Murrhardt heute die größte Gemeinde im Rems-Murr-Kreis. Mit 4700 Arbeitsplätzen in Industrie, Gewerbe und Handel und Verwaltung gehört sie zu den Unterzentren der Region Stuttgart.

Der Mittelpunkt des Schwäbisch-Fränkischen Waldes präsentiert sich heute als gut entwickelte Stadt. Schöne, moderne Wohnsiedlungen, gute Sport- und Freizeiteinrichtungen, eine malerische Innenstadt sind Bausteine für Lebensqualität.

Die vor einigen Jahren begonnene Stadtsanierung brachte bisher wesentliche Veränderungen mit sich. Eine freundliche Fußgängerzone mit schönen Ladengeschäften und ansprechender Gastronomie ist entstanden. Die vielen kulturellen Einrichtungen, etwa die moderne Festhalle, bringen mit ihren zahlreichen Veranstaltungen Besucher aus nah und fern nach Murrhardt.

Gute Beziehungen zu den Partnerstädten Château-Gontier in Frankreich, Frome in Großbritannien und in die Patenstadt Rötha in Sachsen sind zu einem Stück europäischer Heimat und Freundschaft geworden.

Zur Lebensqualität gehört auch Lebensfreude. Feste feiern, das kann man in dieser Stadt: ob Weihnachtsmarkt, Dreikönigsritt oder Fasnetsumzug, ob beim Tanz in den Mai, auf dem sommerlichen »Lichterfest« mit seiner traumhaft romantischen Illumination oder beim »Sommerpalast«, dem Kultur- und Sommerfestival der Region.

Murrhardt bietet darüberhinaus viele Ausflugs- und Erholungsmöglichkeiten, vom Freizeitgebiet Waldsee über das schöne Freibad bis zu den umliegenden Waldgebieten mit ihren ausgezeichneten Wanderwegen und ihrer guten Luft.

Freuen Sie sich an den gelungenen Bildern, machen Sie einen Spaziergang durch Murrhardt und entdecken Sie Ihren persönlichen »Lieblingsblickwinkel«. Vielfältige Perspektiven voller Überraschungen erwarten Sie. Nehmen Sie sich dazu einen Augenblick Zeit – Sie sind herzlich eingeladen!

Christian Schweizer

Discovering Murrhardt, living in Murrhardt

Glimpses, views and perspectives

This illustrated book is a portrait of the town of Murrhardt. It presents glimpses of nature and culture in and around the town, our lovely, familiar home viewed from new perspectives. The photographer has more than succeeded in capturing the atmosphere and feel of the town.
Murrhardt. Even its name says a lot: "hardt" is an old German word for a pasture wood; "muor" or "mur" in Old High German is a swampy stretch of water. The Murr river, stretching a good 54 kilometres from its source near the village of Vorderwestermurr to its mouth near Marbach, has lent its name to the town and the surrounding woodlands from time immemorial.
The Murr flows through the "Keuperbergland" (Upper Triassic hillscape), the "Schwäbisch-Fränkischer Wald" (Swabian-Franconian Forest), which was a totally different landscape over 180 million years ago. The local area was covered by rain forests just like the Amazon basin. Prehistoric findings, mainly fossilised plants and trees, prehistoric animals as well as survivors such as the horsetail, also known as the horse willow, are age-old witnesses to these eras.
There is many a wild, romantic rock formation which provides you an insight into the earth's history—the "Hörschbach" waterfalls, the "Felsenmeer" (sea of rocks) or the "Große Platte" (large plateau). Today the landscape around Murrhardt is full of mixed forest and wild orchards of fruit trees. The municipality stretches from the valley floor which is 290 metres above sea level to over 500 metres in the higher elevations around the town.
Many of the nature reserves and conservation areas have become the habitat for rare species of animals and birds. The magnificent kingfisher or the agile pine marten are no rarity. Just as much as the wild orchids and ancient trees, they all belong to the biotope of the Murrhardt Forest.
Once upon a time, the forest was essential for the survival of the town and its inhabitants. Its economic utility then meant much more than its recreational function nowadays. Many centuries ago, wood from the forest was brought down to the valley in rafts, on sledge runners, or by sled or carriage. The wood was then worked and made into a number of different products.
The only witness today to the life of deprivation which country folk lived is the modest architecture of houses in the villages. The hamlets and farmsteads have now changed their appearance. But despite their general decline, there are still about 160 agricultural communities within the boundaries of Murrhardt.
You can still buy hearty, natural produce from local farmers. Good farmer's bread made of local wheat, fresh apple juice or cider from the many wild orchards, or even meat from the many herds bred in the area are a true delicacy and also living proof of ecology in practice. Other economic pillars in the region besides agriculture are forestry and the woodworking industry.
Murrhardt has a colourful past. You can find many traces of the Stone age, former open fires and resting places in the Murrhardt region. The town stands today on the former hunting grounds of Celtic inhabitants of yesteryear.

The first settlement grew up at a border "castellum" (Roman fort) in Roman times, in about 145 to 260 AD. The frontiers of the Roman Empire ran eastwards from the Neckar. The Upper Germanic "Limes" (Roman wall)—still visible today—ran as straight as a die through Murrhardt's fields and meadows. The defensive wall brought forts, settlements, villages and farms to supply the troops and the inhabitants, as well as a network of roads and paths. The "vicus murrensis", which was the name given to the Roman settlement situated on the Murr flood plain, was already home to over 1500 inhabitants at that time. Today you can still find the ruins of watchtowers such as the "Heidenbühl", or walk along extensive stretches of the Limes.
After the fall of the Limes came the Alemannians and the Franks. Starting in 500 AD there was another border, this time between the two Germanic tribes. One witness to this is the name "Schwäbisch-Fränkische Waldberge" (Swabian-Franconian wooded hills). Some experts can still hear the fine differences in the dialects of local people.
It was a Frank who was to decide the future history of the town—Walterich. Shortly before the year 800, he came to Murrhardt to a remote monastic cell founded previously by the Carolingian Pippin in the year 750. With much effort, but mainly with the support of Walterich's powerful relative Emperor Ludwig the Pious, the cell was converted into a Benedictine abbey in 816. This laid a new foundation stone for Murrhardt, and a market town of a reasonable size slowly grew up alongside the ecclesiastical institution.
The abbey even had the right to mint its own coins. The Hohenstaufer emperors continued to lend their support to the abbey. Under Friedrich II, the abbey underwent a magnificent conversion, which you can still see today in the form of the famous Walterich Chapel. But that was not all. Walterich became the local saint. The Walterich Chapel is where the procession starts every Good Friday and ends at the "Ölberg" (Church of the Mount of Olives).
Since the Middle Ages, several small villages have sprung up around Murrhardt. Siegelsberg is one of the oldest. As the town is situated along the main highway to Schwäbisch Hall, it thrived splendidly. The present district of Fornsbach belonged to the independent County of Löwenstein for a period of time and Kirchenkirnberg had to be sold to the Adelberg Monastery for political reasons. Clearings in the woodland were made for farms, quickly followed by glassworks, mills, sawmills and other settlements.
Another milestone in Murrhardt's growth into a small market town came about in 1288 when Count Albrecht von Löwenstein founded the town. In the 16th century, the town was modernised under Duke Christoph von Württemberg—the town hall, school house and the water supply were repaired. The town became Protestant

and the Benedictine monastery was disbanded.
Then came the 24th August 1765—the blackest day in Murrhardt's history. Flames gutted almost the entire town—a tragic stroke of fate for the whole population. The catastrophe changed the entire face of the town for ever, and the town took on the appearance which it has today. Straight lanes and streets were traced, simple late Baroque buildings were constructed. Today, Murrhardt's most prominent feature is its charming half-timbered houses and its magnificent market square which dates from this time.
The Carl-Schweizer Museum bears witness to the town's history as well as presenting the flora and fauna of the area. The visitor can view large dioramas depicting the rich variety of fauna from the region as well as interesting finds from the town's rich 1800 year history.

Murrhardt also experienced growth through the efforts of several extraordinary personalities. There was the famous theologian Friedrich Christoph Oetinger, whose activities promoted the growth of the town as a monastic office. Then there was the master fitter Ferdinand Nägele, who advocated democracy in our country as member of the Frankfurt National Assembly, Germany's first democratic parliament in 1846.
In its time, the region developed from a poor "Klämmerlesgäu" (backwater) to a dynamic industrial area. The economic changes in the 20th Century propelled Murrhardt to the forefront through the construction of the railway supported by Nägele. This attracted precision engineering companies, a weighing scale factory, a spinning mill and leather tanning workshops. In 1905, the town received its own gas works.
Robert Franck, the entrepreneurial "chicory baron", privy councillor, built his manorial summer residence high above the town, the "Villa Hohenstein". The "Hofberg" soon became the in place for other middle-class families to reside. Murrhardt not only become a holiday resort, it was also the first climatic health resort in Württemberg.
This was the time when the famous animal painter and art professor Heinrich von Zügel lived in the nearby Wolkenhof. Another artist, Reinhold Nägele, portrayed the "artistic sides" of his home town a few years later. Many other artists have followed in his footsteps to the present day and placed their impressions of the town and its surroundings onto canvas. The results of such artistic creativity by various Murrhardt artists and sculptors can be seen in the town's art gallery. It is a place inspired by the muses with pictures of everyday life from former times.
The years following the First World War were a period of relative optimism for Murrhardt. Thousands of enthusiastic spectators thronged to the Roman Festival started at that time, and tourism experienced a new lease of life. The town expanded rapidly. New roads were built. 1931 saw the building of the town museum followed by the civic hall in 1938.
But then the situation started to become more difficult by the day. In 1939, the artist Reinhold Nägele was forced to emigrate with his family to America. The days of peace were numbered. The Second World War brought major disaster and destruction to the present municipal districts of Fornsbach and Kirchenkirnberg, although the town of Murrhardt itself was largely spared the ravages of war.

The first notable event after the war was the Conference of District Administrators on 20th June 1945. A few weeks after Germany's capitulation, district administrators in the American Zone of Occupation met at the former Sonne-Post Inn to discuss a new beginning. The military observer at that time, E. Bingham, later wrote about the "spirit of Murrhardt and of the first revival of democracy in Germany".
In the 1950s, many people exiled from the Sudetenland and Silesia found a new home in Murrhardt. A number of new companies started up. The weighing scale factory and the leather tanning workshops were joined by precision engineering companies for spinning machines and power tools. Some time later, furrier workshops and traders settled here from Saxony. Today, Murrhardt's industrial zones are full of mechanical engineering companies, printers, kitchen and bathroom furniture manufacturers, and computer firms.
The Municipal Reform of 1971 allowed Murrhardt to grow to over 14,500 inhabitants. The previously independent communities of Fornsbach and Kirchenkirnberg were amalgamated into the town which now comprises 27 municipal districts and residential places. With an official surveyed area of 7114 hectares, Murrhardt is the largest rural commune in the Rems-Murr District. It is also one of the satellite centres in the Stuttgart region numbering 4,700 jobs in industry, commerce and retail trade.
The centre-point of the "Schwäbisch-Fränkischer Wald" (Swabian-Franconian Forest) today is a well-developed town. Attractive, modern residential areas, good sports and recreational amenities and a picturesque town centre are the cornerstones of a decent quality of life.
Urban redevelopment started some years ago has so far brought major changes. A friendly pedestrian precinct has grown up full of attractive shops and restaurants serving tasty dishes. The many cultural facilities, such as the modern Festival Hall, attract visitors from far and wide to the many events held here in Murrhardt.
Good relationships with the twin towns of Château-Gontier in France, Frome in England and the town of Rötha in Saxony have fostered the concept of a European community and friendship.
Quality of life also engenders the joy of life. Celebrating festivals—that's something which this town excels at: whether it is the Christmas Market, the Coming of the Three Kings at Epiphany on horseback to the Market Place, the Carnival parade, the May Dance, the "Lichterfest" (Light Festival) at midsummer with its romantic illuminations, or the "Sommerpalast" (Summer Palace) which is the pinnacle of cultural events in the region at the height of summer.
The region around Murrhardt also offers many opportunities for excursions and recreation—from the Waldsee leisure park and the open-air swimming pool to the surrounding woodlands with well signposted hiking trails and plenty of fresh air.
We hope you enjoy this fine collection of pictures. Why don't you take a walk through Murrhardt and discover your own "favourite perspective"? There will be many a surprise in store for you. Just take a moment in time—feel at home!

Christian Schweizer

Visiter Murrhardt, vivre à Murrhardt

Coups d'oeuil, impressions et vues

L'intention de ce livre est de faire le portrait de Murrhardt.
De présenter tout ce qui , dans la nature ou dans le patrimoine de la ville, est digne d'être vu.
Pays avec lequel on se familiarise et que l'on aime bien, vu sous une autre forme.
La photographe a parfaitement bien réussi à mettre en scène l'atmosphère ainsi que la sensibilité de vie de cette ville.
Murrhardt, déjà le nom s'explique de par lui même: Une forêt-pâturage (en allemand «Hardt») située auprès de marécages, en vieux allemand «muor» ou «mur».
Longue d'environ 54 kilomètres, de sa source à Vorderwestermurr jusqu'à son embouchure à Marbach, la rivière Murr a donné depuis tous les temps son nom à la ville ainsi qu'au paysage forestier des environs.
La rivière Murr traverse la Forêt Souabe-Franconienne, un paysage rocheux, argileux, avec du grès et de la craie, qui se présentait il y a quelques 180 millions d'années, encore bien différemment. Une forêt vierge, ressemblante à la région de l'Amazone, recouvrait toute la région. Des objets des temps primitifs trouvés, tels que des plantes pétrifiées, des restes d'arbres, des animaux préhistoriques, mais aussi certaines plantes qui ont résisté, telle que la prèle, témoignent de cette époque. Quelques formations rocheuses pittoresques et sauvages, les «Hörschbachwasserfälle» (les cascades du Hörschbach), la «Felsenmeer» (la mer de rochers) ou la «Große Platte» (la grande Pierre) ouvrent la porte sur l'histoire géographique. De nos jours le paysage autour de Murrhardt se compose de forêts d'espèces variées et de prairies où poussent des arbres fruitiers. L'altitude de la ville va de 290 mètres dans la vallée jusqu'à 500 mètres au dessus de la mer sur les collines.
De nombreux sites protégés sont devenus le refuge pour beaucoup d'animaux ou d'oiseaux rares. Il est devenu fréquent de rencontrer le magnifique martin-pêcheur ou la rapide martre, de même des orchidées sauvages et des arbres extrèmement vieux font partie du biotope de la Forêt de Murrhardt.
Cette forêt était autrefois pour la ville et ses habitants un élément nécessaire pour vivre, ce n'était pas comme de nos jours la fonction de détente qui était en premier plan, mais l'utilisation économique. Il y a de nombreux siècles le bois des forêts était mis sur des radeaux ou des glissoires ainsi que sur des traîneaux et des charrettes pour les transporter dans la vallée. Ensuite il y était alors travaillé sous différentes formes.
Les paysans vivaient pauvrement ce que l'on peut remarquer encore à travers l'architecture modeste des maisons dans les villages. Mais malgré les difficultés on trouve encore de nos jours, sur le territoire de Murrhardt, 160 exploitations agricoles, soit en professionnel, soit en profession accessoire.
Il est possible d'acquérir des produits du territoire directement chez l'agriculteur. Un bon pain de campagne fait avec les céréales du pays, un jus de pomme bien frais ou du cidre venant des arbres fruitiers poussant dans les prés, un morceau de viande de l'élevage de la région sont de vrais plaisirs et à la fois servent à protéger l'environnement.
L'exploitation forestière et l'industrie du bois qui s'y attache est depuis toujours une aide financière très importante pour les agriculteurs.
Murrhardt est marqué par un passé mouvementé. On trouve des traces de l'âge de fer, des anciens foyers ou aires de repos à de nombreux endroits. Là, où de nos jours la ville se situe, se trouvait le terrain de chasse de tribus celtes.
La premièrc agglomération s'est développée pendant l'époque romaine près d'un fort romain, qui a existé de 145 à 260 après J. C. environ. La frontière romaine avait été deplacée du Neckar vers l'est. Le Limes (frontière fortifiée des Romains), de nos jours encore visible, traverse en ligne droite les champs de Murrhardt. Avec la fortification des frontières on construisait toujours une agglomération, un village et une exploitation paysanne pour le ravitaillement des troupes et des habitants, ainsi que des routes et des chemins. Le «vicus murrensis», le village romain le long des rives de la Murr, avait bien à l'époque déjà plus de 1500 habitants. De nos jours on peut encore en trouver des tours de gardes, comme celle à Heidenbühl, ou faire une randonnée le long du Limes.
Avec la disparition du Limes sont arrivés les Alamans et les Francs. A partir de l'année 500 se construit une nouvelle frontière entre ces deux tribus. Le nom «Collines Forestières Souabes-Franconiennes» en sont les seuls témoins. Pour les connaisseurs, il est facile de reconnaître les fines différences de prononciations entre les dialectes de la région.
Ce fût un Franc qui a fait avancer l'histoire de l'endroit, il s'appelait Walterich. Il arriva à Murrhardt peu avant 800, dans une cellule monastique crée en 750 par le Carolingien Pépin. Avec beaucoup d'efforts, mais surtout grâce à l'aide de son parent célèbre l'Empereur Louis le Pieux, celle cellule fût transformée en l'an 816 en une abbaye bénédictine. Ainsi pour Murrhardt commence une nouvelle époque, puisque en plus de cette institution ecclésiastique s'est développée avec le temps une imposante et importante bourgade.
Le monastère avait même le droit frapper monnaie. Les empereurs de la famille des Staufer ont continué à favoriser l'abbaye et sous Friedrich II le monastère a été somptueusement transformé: La chapelle Walterich bien célèbre encore de nos jours vient de cette transformation. Cela ne suffisait pas, en effet Walterich a été considéré comme un saint et c'est ainsi qu'ont commencé les pèlerinages le Vendredi Saint à l'église Walterich et plus tard à «l'Ölberg» (reproduction du Mont des Oliviers).
Au Moyen Âge un nombre important de petits hameaux s'est planté autour de Murrhardt, dont un des plus anciens est Siegelsberg. Comme ce hameau se trouvait sur une jonction de chemins menant à Schwäbisch Hall, il s'est rapidement bien développé. Le village de

Fornsbach a un certain temps appartenu au Comté de Löwenstein et Kirchenkirnberg a du, pour des raisons politiques, être vendu au monastère d'Adelberg. Le déboisement des forêts a donné de la place pour des fermes, aussi pour des verreries, des moulins, des scieries et d'autres agglomérations.
Le développement de Murrhardt a subi en 1288 un tournant décisif lorsque le Comte Albrecht de Löwenstein lui a accordé le droit de ville. Au 16ème siècle la ville a été transformée par le Duc Christoph du Württemberg: la mairie, l'école et les canalisations d'eau ont été refaites. La ville est devenue protestante et le monastère a été dissous.
Le 24 août 1765 a été le jour funeste dans l'histoire de la ville de Murrhardt. Presque toute la ville a été ravagée par les flammes lors d'un incendie, un revers de fortune pour toute la population. Cette catastrophe a changé complètement la physionomie de la ville. La ville a alors pris la forme que nous connaissons aujourd'hui. Des ruelles toute droites et des rues ont été créées, des bâtiments simples de style baroque tardif ont été construits. De nos jours Murrhardt est marqué d'un ensemble de maisons à colombages qui forme un patrimoine plein de charme et d'une «Marktplatz» (Place du Marché) imposante qui date de cette époque.
Il est possible de retrouver un grand nombre de témoignages de cette histoire et de la nature au Musée Carl Schweizer. Là vous attendent un diorama sur les animaux avec la faune de la région et des trouvailles qui datent de plus de 1800 ans et vous racontent le passé de la ville.

Murrhardt a connu un autre essor, grâce à de nombreuses personnalités exceptionnelles. On remarque le célèbre théologien Friedrich Christoph Oetinger. Le maître-serrurier Ferdinand Nägele, qui député à l'Assemblée Nationale de Frankfort, a participé de façon très compétente à installer la démocratie dans notre pays.
Pendant son époque la «Klämmerlesgäu» (nom péjoratif donné à la ville pour indiquer sa pauvreté et son état un peu primitif) est devenue une région vivante et industrielle. Le changement structural du 20ème siècle a fait son entrée aussi à Murrhardt avec l'installation du chemin de fer que Nägele a favorisé. Des industries de mécaniques fines, des usines de fabrication de balances, même un atelier de tissage, des tanneries se sont installés. En 1905 la ville avait sa propre distribution de gaz. L'industriel et «Zichorienbaron» Robert Franck (nommé le baron de la chicorée, cette dernière étant utilisée par manque de café) a fait construire, sur la colline dominant la ville, sa grande et belle résidence d'été, la villa Hohenstein et, peu de temps après, des familles de conditions bourgeoises ont alors construit leur maison sur la colline Hofberg. Murrhardt n'est plus considérée que n'étant qu' une ville pour y résider que quelques jours en été mais étant une ville pour venir également y faire des cures d'air. A la même époque le peintre animalier et professeur d'arts, Heinrich von Zügel habitait au proche Wolkenhof. Un autre artiste peintre, Reinhold Nägele, reconnaissait, quelques années plus tard, les côtés pittoresques de son pays. Comme lui de nombreux artistes ont aimé peindre et aiment à peindre la ville et le paysage des environs. On peut admirer les œuvres de différents peintres ou de sculpteurs de Murrhardt dans la bibliothèque où une exposition perpétuelle s'y trouve dans une salle appropriée. Un endroit où l'on peut se faire inspirer en regardant des tableaux nous montrant une vie d'antan.

Dans les années qui ont suivi la première guerre mondiale, on a commencé à vivre à Murrhardt de façon optimiste. Un festival, en plein air, les Jeux Romains, ont eu lieu pour la première fois et ont enthousiasmé des milliers de spectateurs.
La ville s'est vite agrandie: de nouvelles rues sont construites, en 1931 le musée ouvre ses portes, en 1938 la Stadthalle (salle des fêtes) est édifiée.
Mais les temps deviennent de plus en plus difficiles: En 1939 l'artiste-peintre Reinhold Nägele doit émigrer avec sa famille en Amérique, les jours de paix sont comptés.
La deuxième guerre mondiale a apporté dans les deux agglomérations Fornsbach et Kirchenkirnberg de grands dommages et de grandes peines. Heureusement, la ville, elle-même, a été relativement bien épargnée de tous dommages.

Un événement exceptionnel a été la Conférence des «Landräte» (députés du gouvernement du Land) le 20 juin 1945. Quelques semaines après la capitulation de l'Allemagne tous les Land-räte de la zone se trouvant sous l'occupation américaine se sont rencontrés dans l'auberge du Sonne-Post d'alors pour discuter d'un nouveau début. L'observateur militaire de l'époque E. Bingham parlera plus tard «de l'esprit de Murrhardt et du premier pas de la démocratie en Allemagne».
Dans les années 1950 beaucoup de réfugiés des monts Sudètes ou de la Silésie ont trouvé à Murrhardt une nouvelle patrie. Quelques temps plus tard des industries de fourrure et des pelletiers venant de Saxe se sont installés ici. Dans les zones industrielles on trouve maintenant des entreprises de construction de machines, d'imprimerie, de fabrication de meubles pour cuisines ou salles de bains ainsi que des maisons pour tout ce qui tourne autour de l'ordinateur.
La réforme administrative de 1971 fit que le nombre des habitants de Murrhardt s'est élevé à plus de 14 500. Les communes de Fornsbach et de Kirchenkirnberg, qui jusqu'alors étaient encore indépendantes, ont été rattachées à la ville. Avec ses 7114 hectares de superficie, Murrhardt est la plus grande commune du Rems-Murr-Kreis.
Elle appartient, avec ses 4700 emplois dans l'industrie, l'artisanat et l'administration, au sous centre de la région de Stuttgart.
Le centre de la Forêt Souabe Franconienne se présente de nos jours comme une ville bien développée. Des quartiers avec de belles et modernes habitations, de bons aménagements sportifs et de loisirs, ainsi qu'une cité pittoresque sont le point de départ pour une bonne qualité de vie.
L'assainissement des maisons anciennes du centre de la ville, qui a commencé il y a quelques années, a apporté d'importantes améliorations. Il en résulte une agréable zone piétonne avec des magasins intéressants et une gastronomie attirante. Les nombreuses installations culturelles, comme par exemple la moderne Festhalle, font venir avec leurs spectacles variés un grand nombre de visiteurs.
De bonnes relations d'amitié sont entretenues avec les villes jumelles, Château-Gontier en France, Frome en Grande Bretagne, et la ville parraînée en Saxe, Rötha.
A la qualité de la vie appartient aussi la joie de vivre. Organiser des fêtes, cela on sait le faire dans cette ville: que ce soit le marché de Noel, la reproduction de la venue des Rois Mages ou le défilé du Carnaval, ou que ce soit la soirée de danse pour accueillir le 1er mai, ou la «Lichterfest» (fête de la lumière) en été

avec sa merveilleuse illumination romantique ou le «Sommerpalast» le festival culturel estival de la région.
Murrhardt offre au-delà beaucoup de possibilités d'excursion et de détentes, allant de l'aire de loisirs du «Waldsee» (lac dans la forêt) passant par la piscine attrayante jusqu'aux forêts environnantes avec leurs chemins balisés et leur bon air reposant.
Réjouissez-vous en regardant ces photographies bien réussies, faites une promenade à travers Murrhardt et découvrez votre coin préféré. Des perspectives très variées pleines de surprises vous attendent. Prenez un peu de temps pour arriver à les connaître. Nous vous y invitons!

Christian Schweizer

Ein Heißluftballon schwebt über dem Murrhardter Felsenmeer und bietet seiner Besatzung einen phantastischen Rundblick über die Stadt und ihre zauberhafte Umgebung.

A hot air balloon hovers over the cliffs of Murrhardt. The occupants must have a breath-taking view of the whole town and its charming surroundings.

Une montgolfière plane sur la «Felsenmeer» (mer de rochers) de Murrhardt et offre certainement une vue panoramique fantastique sur la ville et ses merveilleux environs.

Die Deutsche Bibliothek – CIP-Einheitsaufnahme

Ein Titeldatensatz für diese Publikation ist bei
Der Deutschen Bibliothek erhältlich.

1 2 3 4 5 06 05 04 03 02

Übersetzung ins Englische: Chris Blowers.
Übersetzung ins Französische: Michéle Hartmann.
Gestaltung: Günter Stahl, Horb.
Umschlag: Frank Butzer, Tübingen.
Reproduktionen: M&S Digitalrepro, Herrenberg.
Druck: Karl Grammlich, Pliezhausen.
Printed in Germany.

ISBN 3-87407-515-X